Gustave Planche

De l'Union
des Arts
et de l'Industrie

Critique

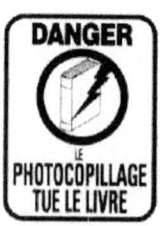
ISBN : 978-1983955617

10 9 8 7 6 5 4 3 2 1

Gustave Planche

De l'Union des Arts et de l'Industrie

Critique

Table de Matières

De l'Union des Arts et de l'Industrie

Pour parler utilement de l'union des arts et de l'industrie, il faut recourir au témoignage de l'histoire, et c'est le parti qu'a choisi M. Léon de Laborde. Il a senti qu'en demeurant dans le domaine des idées purement théoriques, il ne pouvait intéresser qu'un petit nombre de lecteurs. Il voulait agir sur le goût, et la seule manière de réaliser son dessein était de chercher des leçons dans le passé : il n'a pas hésité, et, avant d'exposer ses vues personnelles sur la question qui est le sujet de son livre, il esquisse rapidement l'histoire des arts et de l'industrie. Ce procédé, conseillé par le bon sens, ne sera pas universellement approuvé, car l'auteur, malgré la modération de son langage, blessera plus d'une prétention. Il ne croit pas qu'il soit permis, même aux plus habiles, de négliger, de traiter comme non avenu ce qui a été fait avant eux. Au premier aspect, c'est la croyance du monde la plus innocente, et cependant elle ne s'accorde guère avec les idées qui règnent aujourd'hui : dans les arts du dessin comme dans la poésie, la tradition n'est pas entourée de respect. Ceux qui prêchent l'originalité ne comprennent pas, ne veulent pas que le présent tienne compte du passé. Ils rêvent une invention étrangère à tout souvenir, et n'hésitent pas à déclarer dangereuse, pour l'intelligence de la génération nouvelle, l'étude des monuments que nous a légués l'antiquité. M. de Laborde ne partage pas leur avis, et je pense qu'il agit sagement. Il se sépare en termes très nets de ces novateurs étourdis, mais il n'essaie pas de les ramener au respect de la tradition, il les tient pour inguérissables. Que dire en effet à des hommes qui se trompent et refusent de s'éclairer par la discussion, qui dédaignent l'antiquité sans la connaître ? Aussi n'est-ce pas à eux que l'auteur s'adresse. À ses yeux, l'union des arts et de l'industrie n'est pas aujourd'hui ce qu'elle devrait être ; peut-on la rendre plus intime et plus féconde ? En voyant ce qu'elle a été, nous trouverons sans peine la solution de cette question. À cet égard, M. de Laborde est bien informé ; le précis qu'il nous donne sera lu avec intérêt par tous ceux qui ont à cœur la réforme du goût public. Il a beaucoup vu par lui-même, et il parle d'une manière pertinente des choses mêmes qu'il n'a pas vues, parce qu'il a pris la peine de recueillir et de comparer les témoignages.

Si les notions qu'il a réunies sur les relations de l'art et de l'industrie se propageaient parmi les industriels et les artistes, le luxe moderne ne tarderait pas à présenter une physionomie toute nouvelle ; on ne verrait plus, ou du moins on verrait plus rarement l'extravagance acceptée comme une preuve d'imagination. À mon avis, le principal mérite du précis écrit par M. de Laborde est d'avoir revendiqué hautement les droits de la tradition. Les détails qu'il nous offre sur l'art et l'industrie, depuis les premiers temps historiques jusqu'à nos jours, sont précieux sans doute ; cependant ces détails perdraient une partie de leur valeur, s'ils n'étaient soumis au contrôle d'une doctrine sévère et qui ne se dément jamais. Dans l'art, dans l'industrie, comme dans les autres formes de l'activité humaine, vouloir créer le présent de toutes pièces sans rien emprunter au passé est une des conceptions les plus déraisonnables qui puissent abuser l'esprit. L'histoire démontre avec une pleine évidence le néant d'un tel projet. Aujourd'hui profite d'hier, demain, profitera d'aujourd'hui. Ce n'est pas là certainement une vérité nouvelle, et pourtant nous devons remercier ceux qui la remettent en lumière, car les sophistes ont pris soin de l'obscurcir. D'ailleurs, en revendiquant les droits de la tradition, l'auteur n'a pas négligé de marquer les temps d'arrêt dans le développement de l'art et de l'industrie. Il ne croit pas au progrès continu, et la raison est pour lui. Dans la recherche du beau et de l'utile, les derniers venus ne sont pas toujours les plus habiles. Le désir d'appeler sur soi l'attention mène souvent au mépris de la simplicité, la bizarrerie prend la place de l'élégance et règne pendant quelques années. Marquer en termes clairs les déviations du goût public, ce n'est pas mettre en doute la réalité, mais la continuité du progrès. Marini, venu après l'Arioste, est un des signes les plus évidents de la dépravation du goût italien ; Boucher, venu après Lesueur, signale dans le goût français une maladie pareille. Et pourtant, chose étrange, Marini et Boucher comptent encore aujourd'hui de nombreux admirateurs. Le bel-esprit et l'afféterie plaisent aux gens qui se disent délicats ; pour eux, Lesueur manque d'élégance, et l'Arioste les effarouche par la franchise de l'expression. De telles bévues, commises et soutenues au nom du progrès, méritent les reproches de l'historien. S'il n'est donné à personne de prévoir où s'arrêtera le développement des facultés humaines, tous les esprits attentifs, en interrogeant le passé, sont amenés à reconnaître que la recherche du beau et de l'utile n'a pas été poursuivie avec un succès permanent. Il ne suffit donc pas de savoir les transformations de l'art et de l'industrie ; il faut choisir parmi ces transformations celles qui sont dignes d'étude, et répudier résolument celles qui sont dangereuses pour le goût. L'histoire, privée de ce contrôle, n'est qu'une lecture stérile.

M. de Laborde n'a pas oublié de caractériser le progrès et de marquer en quoi il diffère de la succession ou de la chronologie. Il y a deux manières de profiter du passé pour ceux qui le connaissent bien et savent le juger : c'est de chercher dans les œuvres belles ou utiles qu'il a laissées un encouragement, dans les fautes qu'il a commises un avertissement. Les défenseurs de l'originalité absolue ne s'arrêtent pas à ces menues questions ; ils n'ont besoin, s'il faut les en croire, ni d'encouragement, ni d'avertissement. Ils possèdent sur le beau et sur l'utile des notions tellement précises, qu'ils interrogeraient sans fruit l'antiquité, le moyen âge ou la renaissance. Le siècle de Périclès n'a rien à leur enseigner ; aussi se gardent-ils bien de l'interroger. Ils veulent ce qu'ils veulent pour d'excellentes raisons, et les œuvres qu'ils n'ont pas conçues ne leur disent rien qui puisse les détourner de la voie où ils sont engagés. Vanter la pureté des œuvres du ciseau grec, paroles perdues ! Ce que nous appelons pureté, ils l'appellent froideur. Signaler dans les statues du moyen âge l'imperfection de la forme, à quoi bon ? Ce qui blesse nos yeux les ravit en extase. Ils ne se contentent pas de louer l'expression naïve ou fervente des figures agenouillées sous le portail des cathédrales, ils soutiennent sans hésiter que le choix des lignes ne peut se concilier avec la ferveur ou la naïveté de l'expression. Recommander la renaissance comme un retour tenté vers la beauté, — une vérité si évidente n'arrive pas jusqu'à eux. Ils condamnent la renaissance parce qu'elle aimait l'antiquité, et s'ils font tant de bruit de la sculpture du moyen âge, ce n'est pas qu'elle leur plaise, mais l'ignorance, l'oubli ou le mépris de la forme ont à leurs yeux la valeur d'une protestation énergique. Il appartient aux bons esprits de rétablir le vrai sens de la tradition, de marquer, en racontant le développement de l'art et de l'industrie, les aspirations, les triomphes, les défaillances ; ils nous doivent le fruit de leurs études comme nous leur devons notre attention. Il ne faut pas nous laisser abuser par le prestige de la distance : il y a des œuvres fort vieilles qui ne méritent que l'oubli, il y a des œuvres nées d'hier et qui ont déjà vieilli, ou qui plutôt n'ont jamais eu de jeunesse. La pleine intelligence de l'histoire nous prémunit contre l'admiration des ruines sans valeur et des nouveautés sans jeunesse. Quand on connaît les métamorphoses de l'art et de l'industrie depuis Périclès jusqu'à Louis XIV, on n'est pas facile à surprendre, facile à tromper ; on ne se laisse pas éblouir par la richesse de la matière : on veut, on demande avant tout l'accomplissement d'un dessein, on préfère le chêne sculpté par une main habile à l'ébène tourmenté par un ciseau maladroit.

L'origine assignée aux arts et à l'industrie par M. de Laborde échappe, je l'avoue, à toute discussion, car cette origine, d'après le nouvel historien, remonterait au-delà du déluge. L'auteur dit expressément qu'Adam est l'inventeur des arts et de l'industrie. Le premier homme, se voyant nu, se serait fait industriel. Chassé du paradis terrestre, il aurait emporté de ce bienheureux séjour le sentiment du beau. Cette explication plaira-t-elle aux théologiens ? Je n'oserais l'affirmer. Du premier vêtement d'Adam aux draps de Louviers, aux soieries de Lyon, l'intervalle à franchir est si considérable, qu'il eût été plus sage de placer plus près de nous l'origine de l'industrie. Ceux qui connaissent la Genèse se rappellent que le vêtement imaginé par le premier homme pour couvrir sa nudité n'était pas l'œuvre de ses mains. Quant au sentiment du beau, qui aurait pris naissance dans le paradis terrestre, c'est une hypothèse un peu hardie, qui ne s'accorde pas avec le premier livre de l'Ancien Testament. Moïse parle du bonheur du premier homme dans son premier séjour, mais le bonheur et le sentiment du beau ne sont pas une seule et même chose. Je crois donc que M. de Laborde s'est montré un peu téméraire en affirmant qu'Adam est l'inventeur de l'art et de l'industrie.

Cette imprudence me paraît d'autant plus singulière, que l'auteur aime à produire des documents précis et authentiques, et c'est ce qui donne une valeur réelle à son introduction historique. Ceux qui ont étudié le sujet qu'il traite aiment à retrouver ce qu'ils savent, et pour les trois quarts des lecteurs c'est un ensemble de faits nouveaux. Si les idées ne sont pas rigoureusement enchaînées, les documents produits présentent un sérieux intérêt. Aussi

je n'hésite pas à dire que cette introduction est la meilleure partie
du livre. Sur le sujet même du livre, sur l'union des arts et de l'industrie, je ne partage pas l'avis de M. de Laborde, et plus d'une fois
déjà j'ai dit ce que j'en pense. L'auteur croit que l'industrie peut être
pour l'art un puissant auxiliaire ; il souhaite que l'art soit vulgarisé
par l'industrie, il espère que son vœu s'accomplira dans un avenir prochain. Si mon opinion à cet égard n'était pas formée depuis
longtemps, je trouverais dans l'introduction historique de M. de
Laborde des arguments pour combattre sa croyance. Ce qu'il souhaite, ce qu'il espère, c'est une alliance dont il n'a pas mesuré les
dangers. Je comprends tout autrement l'union de l'art et de l'industrie. Que l'art guide et gouverne l'industrie, qu'il intervienne dans
l'orfèvrerie, dans l'ébénisterie, à la bonne heure ; que les sculpteurs
fournissent aux industriels des modèles d'un style élevé, que ces
modèles soient reproduits fidèlement par des ouvriers habiles et
dociles, rien de mieux. Ce n'est pas ainsi, il est vrai, que M. de Laborde entend l'union de l'art et de l'industrie. Il veut que l'industrie vulgarise les œuvres de l'art, toutes sans distinction, pourvu
qu'elles soient belles. Il ne tient pas compte de la destination d'une
statue, d'un groupe ou d'un bas-relief. Dès qu'il aperçoit dans le
marbre ou dans le bronze l'expression d'une ingénieuse idée, un ensemble harmonieux de lignes, une figure gracieuse ou énergique,
il veut que l'industrie s'empare de ce qu'il admire et le vulgarise.
C'est à mon avis le moyen le plus sûr de desservir l'art, et ce n'est
pas le meilleur moyen de servir l'industrie. Le plus grand nombre
des belles œuvres que nous devons à l'antiquité, à la renaissance,
avaient une destination déterminée. Quant à celles qui n'avaient
pas de destination prévue, elles n'étaient pas conçues dans des proportions qu'il fût permis de changer. M. de Laborde n'ignore pas
ce que je rappelle, mais il l'oublie. Dominé par une pensée que je
crois dangereuse, il méconnaît le sens des faits qu'il a recueillis.
Ce qui se passe sous nos yeux, ce que nous avons vu à l'exposition universelle de l'industrie en 1855 montre assez clairement ce
que signifie le vœu de M. de Laborde. M. Barbedienne vulgarise
les œuvres de l'art antique, les œuvres de la renaissance ; il réussit
dans cette tâche plus souvent que ses confrères : croit-on que l'art
y ait gagné ? Le *Moïse* de Saint-Pierre-aux-Liens, les figures allé-
goriques de la chapelle des Médicis sont-ils mieux compris de la

foule depuis qu'ils ont été réduits par le procédé Collas et décorent les appartements de la bourgeoisie opulente ? La Vénus de Milo, soumise à la même épreuve, excite-t-elle aujourd'hui une admiration plus vive ? Nous possédons à l'École des Beaux-Arts des moulages fidèles du *Moïse* et de *la Nuit*. C'est là qu'il faut les étudier, quand on ne peut visiter ni Rome ni Florence. Si l'on veut savoir ce que vaut la Vénus attribuée à Polyclète, qu'on aille au musée du Louvre. M. de Laborde croit-il que les portes du Baptistère, modelées et fondues par Ghiberti, ces portes que l'auteur de *Moïse* ne craignait pas d'appeler les portes du paradis, pussent être impunément vulgarisées par l'industrie ? Ghiberti a lui-même fondu son œuvre, et le procédé qu'il a choisi est un procédé dispendieux. Si l'on veut faire de ses compositions les portes d'un buffet, il faut choisir un autre procédé, et la fonte au sable, moins dispendieuse que la fonte à la cire, sera-t-elle sans danger pour l'œuvre du Florentin ? Vulgariser les conceptions les plus élevées de l'art antique et de l'art moderne, est-ce propager le sentiment du beau ?

Il semble qu'une telle vérité n'ait pas besoin d'être démontrée, et pourtant M. de Laborde, qui a étudié un si grand nombre de monuments, vient d'écrire un millier de pages pour soutenir que l'industrie, en vulgarisant les œuvres de l'art, propage le sentiment du beau. Il y a deux ans, sans prévoir un tel plaidoyer, je montrais tout ce qu'il y avait de dangereux pour le goût public dans la réduction des statues consacrées par l'admiration unanime des connaisseurs. Je prouvais que les procèdes si vantés à l'aide desquels on pratique cette réduction sont soumis à des chances nombreuses d'infidélité. Je pense aujourd'hui ce que je pensais il y a deux ans ; le plaidoyer de M. de Laborde n'a pas ébranlé ma conviction. L'alliance de l'art et de l'industrie, telle que je la comprends, porterait d'autres fruits : l'industrie ne toucherait plus aux figures, aux groupes, aux bas-reliefs conçus et exécutés pour une destination spéciale ; elle ne se permettrait plus d'en changer les proportions. Elle demanderait aux artistes vivants des conseils et des modèles ; mais pour que les artistes doués d'un talent élevé consentissent à fournir des modèles que l'orfèvrerie, l'ébénisterie se chargeraient de reproduire, il faudrait leur offrir autre chose qu'un profit matériel. Tant que les industriels ne consentiront pas à inscrire sur les ouvrages qu'ils fabriquent le nom de celui qui les a conçus, ils ne doivent pas espérer le concours des hommes vraiment habiles, ou si, par hasard, ils l'obtiennent une fois, plus tard ils le solliciteront vainement. Le sculpteur qui a composé un meuble, une pièce d'orfèvrerie, ne se croit pas suffisamment récompensé quand le public ignore que ces œuvres lui appartiennent. Payer le travail, le payer généreusement, ce n'est pas assez. Quand il s'agit de la pensée, le salaire matériel sans cet autre salaire qui s'appelle renommée ne contente pas celui sans qui vous n'auriez pu rien produire d'équivalent ; mais ce que je demande ne s'accorde guère avec les usages de l'industrie, et je crains bien que ma voix ne soit pas écoutée. Si l'auteur était nommé, que deviendrait la célébrité du fabricant ? Et puis, si l'industrie faisait à l'art cette concession imprudente, n'encouragerait-elle pas les prétentions des sculpteurs ? Le prix des beaux modèles, s'élèverait dans une proportion effrayante. L'industrie trouve plus sage de taire le nom de l'auteur pour produire à meilleur marché. Elle ne tient pas à la perfection des modèles, et si elle changeait ses habitudes, elle réduirait ses profits. M. de Laborde ignore-t-il ce qui se passe ? Je ne puis le croire, puisqu'il faisait partie du jury international en 1851, à l'exposition universelle de Londres. Une idée préconçue entraîne souvent loin de la vérité les meilleurs esprits, et l'auteur a subi la loi commune : l'alliance qu'il rêve a jeté la confusion dans ses souvenirs.

Tous les industriels, je le sais, ne tiennent pas à taire le nom des sculpteurs dont ils réclament les conseils, et dont le travail est pour eux une source de fortune ; mais les exceptions sont trop peu nombreuses pour infirmer ce que j'ai dit des relations présentes de l'art et de l'industrie. Admettons d'ailleurs que les orfèvres et les ébénistes se décident à ne plus se donner comme les inventeurs de ce qu'ils font faire, comme les auteurs des œuvres qu'ils achètent : la condition de l'art serait-elle meilleure ? Je suis très loin de le penser. Les artistes, n'étant plus frustrés de la part de renommée qu'ils auront méritée en composant pour l'industrie des modèles élégants, d'un goût sévère, d'un style châtié, se trouveront à leur insu détournés des grands travaux. Encouragés tout à la fois par le gain et par les éloges, ils arriveront à oublier tous leurs rêves de gloire. Le bien-être matériel deviendra leur unique préoccupation. Ce n'est pas là sans doute ce que veut M. Léon de Laborde. Il aime l'art d'un amour sincère, mais il se méprend sur la nature des moyens qui peuvent propager le sentiment du beau et améliorer la condition de ceux qui se donnent pour mission de l'exprimer. Il est à souhaiter sans doute que l'argent fondu, ciselé ou repoussé offre au public des formes élégantes, et pour atteindre ce but, il faut recourir à des artistes habiles, à des artistes qui aient étudié les œuvres de l'antiquité, de la renaissance. Ce sera pour l'industrie un avantage évident ; quel profit l'art pourra-t-il tirer de cette alliance ? M. de Laborde en attend les fruits les plus magnifiques. Que la France consente à réaliser tous les plans qu'il propose, une ère nouvelle va s'ouvrir. Il y a dans sa parole un tel accent de sincérité, que plus d'un lecteur se laissera séduire. Quant à ceux qui ont eu l'occasion d'étudier la question et qui en ont profité, je crois pouvoir assurer qu'ils ne partageront pas les espérances de l'auteur. S'agit-il de réformer le goût public ? Ce n'est pas en multipliant par des procédés économiques les plus belles œuvres de la sculpture qu'on accomplira ce dessein, assurément très louable. Pour acquérir de la clairvoyance, de la sagacité, pour estimer les marbres grecs ou italiens, pour les aimer avec discernement, l'important n'est pas d'en voir un grand nombre, mais de voir et de revoir ceux qui ont un sens déterminé, qui marquent dans l'histoire de l'imagination un moment décisif. Or, si l'alliance proposée par M. de Laborde venait à se réaliser, non-seulement le goût public ne serait pas réformé, non-seulement le sentiment du beau ne se propagerait pas, mais la foule, en voyant des copies, toujours plus ou moins infidèles, des œuvres qui l'auraient émue, qui l'auraient instruite, contemplées dans leur pureté, ne recueillerait que des notions confuses ; elle saurait mal, elle saurait à demi ce qu'elle ignore aujourd'hui. Qu'aurait-elle gagné ? Elle ne serait pas assez éclairée pour se prononcer sur le mérite d'une statue ou d'un groupe d'après des raisons tirées des lois de l'art. Au lieu de consulter les impressions qu'elle aurait reçues, elle voudrait établir des comparaisons. Elle perdrait l'habitude de dire ce qu'elle sent pour dire ce qu'elle croirait savoir. Que M. de Laborde interroge les sculpteurs et les peintres, qu'il leur demande quels sont les juges qu'ils redoutent le plus : ils désigneront ceux qui possèdent des notions incomplètes, qui ont ébauché l'éducation de leur intelligence. Je crois donc que le goût public ne gagnerait rien à l'union des arts et de l'industrie telle que la rêve M. de Laborde, et les motifs de ma croyance sont faciles à comprendre.

S'agit-il de placer la sculpture dans une condition meilleure ? Les moyens imaginés par l'auteur me semblent plutôt dangereux qu'utiles. La sculpture associée à l'industrie n'aura bientôt plus d'autre souci que de plaire au plus grand nombre. Elle dédaignera, comme une récompense illusoire, l'approbation des connaisseurs ; elle voudra faire des figures qui puissent se vendre par milliers. Le choix des lignes, la perfection de la forme seront oubliés. La grande affaire sera de travailler pour la galvanoplastie. Ce n'est pas là ce que veut l'auteur ; mais c'est là ce qui arriverait, si tous ses conseils étaient suivis. Nous sommes déjà sur une pente malheureuse ; l'art indépendant, l'art préoccupé de la beauté, étranger à tout autre souci, n'est pas facile à rencontrer, et l'on parle de vulgariser les œuvres du ciseau pour lui venir en aide ! Quelle singulière illusion ! Les figurines couvrent les cheminées et les guéridons ; les étagères sont envahies par des groupes qu'on peut tenir dans la main. Jusqu'à présent, Dieu merci, tous ces joujoux n'ont pas eu plus d'importance que les poupées de Nuremberg. Que l'industrie s'empare de nos musées, qu'elle fonde en zinc la Vénus de Milo, la Vénus d'Arles, et qu'avec le secours de la pile de Bunsen elle les recouvre d'une couche de cuivre, les heureux possesseurs de ces nouvelles merveilles se prendront pour des amateurs éclairés. Avoir chez soi deux morceaux d'une telle valeur, n'est-ce pas une preuve de goût ? Comment oser dire à ceux qui les contemplent chaque jour qu'ils se trompent sur le mérite d'un ouvrage nouveau ? Ce serait évidemment une témérité ridicule, En présence d'une statue achevée la veille, ils n'hésiteront pas à donner leur avis. L'antiquité, mise à leur portée par l'industrie, a transformé leur intelligence. Quelle perspective séduisante pour les sculpteurs de notre temps ! Ils auront pour juges des hommes d'un goût éprouvé. Les débris du Parthénon, vulgarisés par des procédés ingénieux, propageront le sentiment du beau parmi les esprits les plus rebelles. Au lieu de parler du vaudeville de la semaine, on parlera des Panathénées, car les Panathénées n'échapperont pas à la vulgarisation qui les menace. On n'aura plus besoin de se déranger pour savoir ce qu'elles valent. Sans aller au Musée britannique, on sera pleinement édifié à cet égard. On aura chez soi les Panathénées, et à bon marché. Je ne voudrais pas parler légèrement d'une question qui offre un intérêt sérieux, mais je ne puis me dispenser de signaler sous des formes diverses le danger de l'alliance proposée par M. de Laborde. L'auteur, préparé par des études nombreuses à la tâche qu'il vient d'accomplir, a le droit d'espérer que la critique discutera ce qu'il donne pour la vérité. Railler n'est pas réfuter. Cependant, comme il s'agit de prouver au public que l'union des arts et de l'industrie présente plus de périls que d'avantages, il n'est pas inutile de tempérer l'austérité de la discussion, car le public a besoin de voir et de revoir la même pensée avant de l'accepter. Les œuvres d'art à bon marché, multipliées par des procédés que la science simplifie tous les jours, ne seront jamais pour la bourgeoisie qu'un passe-temps, et rien de plus. Croire qu'elles deviendront un enseignement, qu'elles formeront le goût, est une erreur qu'il faut s'appliquer à combattre. La seule manière de connaître ce qu'ont voulu les grands génies dont s'honorent la peinture et la statuaire, c'est d'étudier leurs œuvres dans la forme qu'ils leur ont donnée. Les figurines de zinc bronzé sont pour les marbres grecs quelque chose d'aussi perfide que les gravures à bon marché qui se publient chaque jour pour les compositions des écoles italiennes. La plupart du temps, ceux qui font ces gravures n'ont jamais vu les modèles qu'ils sont chargés de reproduire. Aussi les curieux assez mal avisés pour consulter ces feuilles de papier qu'on décore du nom d'estampes n'entassent dans leur mémoire que des idées fausses. Pareille chose ne peut manquer d'arriver à ceux qui prendront les figurines du commerce pour t des réductions fidèles. Après les avoir vues, ils seront parfaitement inhabiles à dire ce que valent les originaux. Je ne veux pas proscrire d'une manière absolue l'union des arts et de l'industrie : le bon sens, l'évidence, seraient contre moi ; mais je crois vaines et chimériques les espérances de l'auteur.

L'avenir que rêve M. de Laborde ne me séduit pas, je l'avoue franchement : ce qu'il souhaite ne s'accomplira pas ; mais si, par malheur, ses vœux venaient à s'exaucer, les arts du dessin seraient placés dans une déplorable condition. Que les conseils de l'auteur soient suivis, et nous aurions des myriades d'amateurs qui feront de la sculpture, de la peinture, pour tromper leur ennui. Au lieu d'échanger des cartes de visite, on échangera des portraits. Avant d'aller au *bois*, les hommes qui ont trouvé la richesse dans leur berceau esquisseront d'un crayon rapide l'image de leurs amis de la veille. Au XVIIe siècle, et ce n'est pas moi qui évoque ce souvenir, c'est l'auteur lui-même, les femmes dont l'esprit avait quelque célébrité ne commençaient pas leur toilette avant d'avoir dessiné en quelques lignes deux où trois portraits. Les plus habiles écrivaient une page ou deux. Dans la France régénérée par les conseils de M. de Laborde, initiée à l'intelligence, à l'expression de la beauté, la mine de plomb, le pastel, l'aquarelle feront ce que faisait la plume aux beaux temps de l'hôtel de Rambouillet. On sait ce que la littérature a gagné à cette innocente manie ; il est facile de prévoir ce que la peinture et la sculpture gagneraient à la manie nouvelle imaginée par M. de Laborde. Les peintres amateurs ne sont déjà que trop nombreux : les femmes qui possèdent un château manient l'ébauchoir par désœuvrement, et donnent à leur paroisse un bénitier signé de leur nom. Pour modeler les ailes d'un séraphin, elles salissent leurs doigts, habitués à tenir l'éventail ou à chatouiller le clavier d'un piano. La sculpture est-elle mieux portante depuis que les châtelaines tourmentent la terre glaise avec un morceau de buis ? Le mal n'est pas grand tant que leur talent se contente des succès de famille ; mais à force de s'entendre louer par leurs parents, par leurs amis, elles finissent par se persuader qu'elles sont appelées à la renommée. Comment résister à la tentation ? Elles se laissent arracher la figurine bienheureuse, le bénitier délicieux qu'elles ont achevés en se jouant, et le public est appelé à juger ces génies trop longtemps ignorés. Tantôt ils subissent la cruelle épreuve du silence, tantôt celle des louanges ironiques. Est-ce que la face des sculpteurs improvisés n'est pas encore assez nombreuse ? Faut-il donner plus de place au dessin dans l'éducation des jeunes filles, afin qu'elles puissent offrir à leur fiancé son image peinte en cachette ? Mon esprit sans doute n'a pas assez de délicatesse pour sentir le prix d'un tel cadeau, mais je ne veux pas mentir et m'attribuer une pensée qui n'est pas mienne.

La peinture et la sculpture, vulgarisées comme l'écriture et l'orthographe, comme des notions de première nécessité, ne sont pris pour moi l'âge d'or. Tout le monde croit savoir écrire, et Dieu sait comme on le prouve. Jusqu'à présent, les livres conçus en dépit du bon sens, écrits en dépit de la grammaire, étaient plus nombreux que les tableaux et les statues conçus en dépit du dessin. M. de Laborde veut rétablir l'équilibre. Quand le maniement du crayon, du pinceau, de l'ébauchoir, fera partie de l'éducation comme l'étude de la langue, les tableaux ridicules, les statues absurdes se multiplieront aussi facilement que les livres dépourvus de toute raison. Ce que l'auteur appelle bienfait, ce qu'il envisage comme un progrès intellectuel, ne serait à mes yeux qu'un fléau. Nous avons les chanteurs de salon qui fredonnent des chansonnettes ou des romances, au grand ébahissement des amis qui les écoutent. La musique fait aujourd'hui partie de l'éducation, personne ne peut l'ignorer. Un homme bien élevé ne peut se dispenser, s'il veut conserver sa réputation de courtoisie, d'applaudir chaudement chaque morceau dans les concerts où ne figure pas un chanteur exposé aux sifflets du parterre ; Il est perdu s'il n'habitue pas ses oreilles au courage, son visage à l'impassibilité. C'était trop peu que la musique de société pour exercer notre patience ; nous aurons la peinture, la sculpture de société : le progrès n'est pas douteux. Avec de tels auxiliaires, le goût public ne peut demeurer ce qu'il est. Il s'élèvera. Comment ne s'élèverait-il pas ? Quand on sera forcé, après avoir salué la maîtresse de la maison, d'admirer, de louer les chefs-d'œuvre éclos en famille, les esprits les plus obtus deviendront clairvoyants, les plus indifférents se passionneront pour la ligne, pour la couleur, pour la forme. On aura beau s'en défendre, on sera connaisseur malgré soi. Et pour réaliser toutes ces merveilles, que faut-il faire ? Inscrire le dessin comme une étude obligatoire dans le programme de l'éducation. Dans les moindres pensionnats, le dessin sera une chose importante, un sujet d'émulation. Ignorer le maniement du crayon deviendra une singularité, presque une honte. Les gens du monde formés à une telle école devineront à première vue la date et l'origine d'un tableau. Ils ne confondront plus les débris trouvés dans la banlieue d'Athènes avec les œuvres du ciseau romain, Les leçons qu'ils auront reçues dans leur jeunesse les prémuniront contre un tel danger. On parlera d'une méprise comme d'un scandale.

Ce n'est pas, à Dieu ne plaise, que je considère comme indifférente l'éducation esthétique de la foule : tout ce qui pourrait servir à développer le sentiment de la vraie beauté parmi ceux qui ne pratiquent pas les arts du dessin doit être accueilli avec empressement ; mais le remède proposé me semble pire que le mal. Le goût public est dépravé. La foule s'engoue d'œuvres sans valeur et passe devant les œuvres savantes ou gracieuses sans se douter de son ignorance. Le moyen de l'éclairer est-il bien celui qui nous est offert ? Les conséquences que je viens d'indiquer ne sont pas un pur jeu d'esprit. Ceux qui ont vu les pastels et les aquarelles, orgueil et joie des familles, savent à quoi s'en tenir sur ce point. Sans doute le goût public, s'il devenait plus sévère, exercerait sur ceux qui produisent leur pensée à l'aide du marbre ou de la couleur une action salutaire et puissante. Seulement il ne faut pas oublier, et l'expérience ne l'a que trop prouvé, que la connaissance incomplète des procédés techniques est moins profitable pour l'intelligence que l'étude des belles œuvres. C'est de ce côté qu'il faudrait appeler l'attention de la foule, toutes les tentatives qui auront un autre but seront inutiles. Le goût se forme par la comparaison. Si les gens du monde occupent leurs loisirs à crayonner, à modeler, au lieu d'apprendre comment le sentiment de la vraie beauté s'est développé chez la nation la plus ingénieuse de l'antiquité, combien de temps l'art a balbutié avant de parler une langue claire et précise, ils seront, dans dix ans comme aujourd'hui, des juges inhabiles à donner un avis sérieux sur une œuvre nouvelle. C'est le passé qui nous enseigne le sens du présent. Ceux qui ne connaissent pas les grands modèles, les types de la perfection, ne peuvent apprécier tout au plus dans un tableau, dans une statue, que l'exactitude des proportions, la correction de la forme ; je dis tout au plus, et ce n'est pas sans raison, car la forme réelle est ignorée du plus grand nombre. Ce n'est pas en copiant les têtes de Lemire ou de Jullien qu'on acquiert la notion de la forme. Les croquis de voyage ne sont guère plus instructifs pour ceux qui veulent parler de paysage. Aussi l'avis que peuvent donner de tels juges est un avis sans autorité ; ils n'exercent aucune action sur les hommes du métier ; on les entend sans les écouter. Ce qu'ils blâment comme inutile n'est jamais effacé ; ce qu'ils, admirent, ce qu'ils vantent disparaît souvent quand ils ont tourné les talons. Leurs éloges excitent la défiance ; parfois la crainte que leur enthousiasme inspire mène à d'heureuses corrections ; parfois aussi elle conduit à d'imprudents sacrifices. De tels juges, on le sait bien, suivent la mode, et ne prennent guère la peine de penser par eux-mêmes ; la politesse leur tient lieu de clairvoyance.

Les idées de M. de Laborde sur l'éducation des artistes sont celles d'un homme qui connaît les grands modèles. Je ne signerais pas toutes les opinions qu'il professe ; mais lors même que je ne suis pas de son avis, je ne puis m'empêcher de reconnaître que les principes qui le guident sont d'un ordre élevé. Je ne voudrais pas affirmer qu'il comprend avec la même sagacité toutes les époques de l'histoire ; cependant son respect pour la tradition est à mes yeux le signe d'un bon esprit. Familiarisé avec l'étude du passé, il sait que les artistes éminents n'ont jamais négligé de mettre à profit les œuvres de leurs devanciers. Aussi ne manque-t-il pas d'insister sur la nécessité de perpétuer la tradition. Cette manière d'envisager l'enseignement n'est pas aujourd'hui populaire. La mode est de vouloir ne relever que de soi-même. L'auteur ne redoute ni les objections, ni les railleries, et je lui sais bon gré de sa fermeté. Si l'on néglige en effet de perpétuer la tradition, on se condamne à des tâtonnements sans nombre. Le plus sage est de mettre à profit les leçons du passé. Le maintien de la tradition n'est pas un obstacle au progrès, comme se plaisent à le répéter ceux qui ne connaissent pas l'histoire des arts du dessin. Toutes les grandes écoles en sculpture, en peinture, en architecture, qui ont voulu changer la direction de l'enseignement, ne connaissaient pas seulement l'école qui les précédait immédiatement, mais tout ce qui avait été fait ou tenté en des temps plus éloignés. Pour inventer comme pour enseigner, il faut commencer par apprendre. La génération nouvelle a grandi en se nourrissant d'autres pensées. M. de Laborde, témoin de l'anarchie qui règne aujourd'hui dans les arts du dessin, appelle de tous ses vœux le rétablissement d'une forte discipline. Lors même qu'on trouverait ses principes trop rigoureux, il serait encore opportun de s'y rallier, car, grâce à l'anarchie, bien des forces se dépensent en pure perte. Chacun va de son côté, sans guide, sans conseils, sans but déterminé, ou plutôt sans autre but que l'accomplissement de sa volonté personnelle. Rien de mieux pour ceux qui savent ; mais pour ceux qui ne savent pas, ceux dont l'éducation n'est pas achevée, dont souvent même l'éducation n'est pas ébauchée, cet amour de l'indépendance n'est qu'un amour stérile. L'auteur le sait depuis longtemps, et fait de son mieux pour montrer le danger. Si les oreilles demeurent fermées à ses avertissements, il aura du moins le contentement d'avoir signalé le mal. La tradition, qui n'est pas aujourd'hui en honneur, trouve en lui un défenseur sincère, sinon toujours habile. Parfois il arrive à M. de Laborde de compromettre sa cause, de produire des arguments inutiles ou imprudents ; mais son point de départ est excellent, et ce qu'il veut, nous le voulons.

Le but des arts du dessin est aujourd'hui méconnu trop souvent par ceux mêmes qui les ont choisis comme une profession. L'enseignement fondé sur la tradition est le seul qui puisse remettre les choses en meilleur état. Si l'on ne veut pas que la peinture, la sculpture, l'architecture deviennent des métiers, il faut que les leçons de l'école ne se renferment pas dans la limite des procédés matériels. Or ce qui se fait ne s'accorde guère avec nos vœux. L'enseignement de la partie technique domine, celui de la partie intellectuelle. Les élèves de l'école de Paris, je parle de ceux que les professeurs déclarent les plus habiles, de ceux qui vont en Italie étudier librement pendant cinq ans aux frais de l'état, dessinent avec une merveilleuse adresse le chapiteau d'une colonne, peignent ou modèlent une figure de façon à contenter ceux qui connaissent la forme réelle ; mais quand il s'agit de concevoir le plan d'un palais, de composer un groupe ou un tableau, quel désappointement pour ceux qui les croyaient dispensés de toute étude nouvelle. Les meilleurs élèves de notre école sont pour la plupart, incapables de composer. Ils excellent dans les détails, ils étonnent par l'élégance, par la délicatesse d'un morceau ; mais comptez leurs pas depuis le départ de Paris jusqu'au retour, et vous serez consterné. Quand ils reviennent, ils savent ce qu'ils savaient dans le domaine de la conception. Les peintres et les sculpteurs copient les modèles qui se trouvent au Capitole, au Vatican, à la Farnésine ou dans les églises de Rome ; les architectes mesurent le palais Farnèse, le palais de la Chancellerie, le palais Giraud, les colonnes de la Graecostasis, qui s'appelaient naguère colonnes du temple de Jupiter-Stator. Ils restaurent sur le papier le théâtre de Marcellus, le Colisée, le temple, d'Antonin et Faustine. Chaque année, au mois de septembre, nous pouvons suivre leurs travaux ; mais, l'heure venue de produire des œuvres personnelles, ils hésitent, ils tâtonnent, ou, s'ils ne doutent pas de leurs forces, ils nous donnent des souvenirs pour des conceptions originales. Les spectateurs dont la mémoire est bien meublée peuvent saluer comme de vieilles connaissances les portiques et les figures signes du nom des lauréats.

À quoi faut-il attribuer la faiblesse de ces œuvres ? Ce n'est pas à l'insuffisance de l'enseignement technique. Les élèves de notre école, comparés aux élèves formés par les autres nations de l'Europe, ont une évidente supériorité. Mon témoignage ne signifierait rien, s'il n'était fortifié par celui des nations rivales. L'Espagne, l'Angleterre, l'Allemagne envoient chez nous leurs enfans pour apprendre le maniement du pinceau, de l'ébauchoir, de l'équerre et du compas : elles s'avouent vaincues, puisqu'elles sollicitent les leçons de notre école ; mais la partie intellectuelle de l'enseignement n'a pas été traitée avec autant de soin que la partie matérielle. Parmi les trois arts du dessin, un seul, l'architecture, possède une chaire d'histoire, et cette chaire est à peu près inutile, parce que les élèves ne sont pas obligés de prouver qu'ils ont suivi les leçons du professeur. La peinture et la sculpture n'ont pas de chaire d'histoire, et les ouvrages envoyés de Rome par les pensionnaires, prouvent assez toute l'importance de l'enseignement historique. — Les pensionnaires ont devant eux les œuvres les plus savantes du ciseau et du pinceau, et pourtant il leur arrive plus d'une fois de peindre comme s'ils ne connaissaient que l'école de Bologne, de modeler comme s'ils n'avaient vu que les œuvres du chevalier Bernin. Je me rappelle l'étonnement et l'embarras d'un lauréat traversant le Tibre sur le pont Saint-Ange. À droite et à gauche, il apercevait une rangée de statues qui trouvent des admirateurs parmi les Romains et parmi quelques étrangers, je suis bien obligé de l'avouer. Ces statues, qui témoignent d'une grande habileté de main, sont d'un goût déplorable, et comptent parmi les pires ouvrages du Bernin. Le jeune lauréat n'osait les blâmer, les voyant sur le pont Saint-Ange ; il n'osait non plus les admirer, ne les trouvant pas de son goût. Il attendait l'avis de ses compagnons de promenade pour se prononcer. Je rappelle cette anecdote, parce qu'elle est caractéristique. Si la sculpture et la peinture avaient à l'école de Paris une chaire d'histoire, les lauréats sauraient à quoi s'en tenir sur le mérite du Bernin, sur le mérite de l'école de Bologne. Ayant de franchir les portes de Rome, ils seraient pleinement édifiés à cet égard. Une fois entrés, ils peuvent se laisser abuser par ce qu'ils entendent, par ce qu'ils lisent sur le marbre. Si leur goût n'est pas formé d'avance, ils peuvent accepter et rapporter chez nous d'étranges opinions. Annibal Carrache et Raphaël ont tous deux une sépulture dans l'ancien temple d'Agrippa, qui s'appelle aujourd'hui Sainte-Marie-de-la-Rotonde. Or on lit en lettres d'or, sur une lame de marbre noir, qu'Annibal

Carrache, égal en talent au chef de l'école romaine, ne fut pas aussi heureux que lui. Il paraît, d'après cette inscription, que l'école de Bologne n'a pas, pour les Romains eux-mêmes, moins de valeur que l'école romaine. C'est une grande preuve de modestie, sinon une preuve de sagacité. On rencontre au-delà des Alpes des juges qui se donnent pour amis du progrès, et qui pensent de bonne foi que Raphaël était le plus grand peintre de l'Italie avant la venue d'Annibal Carrache ! Comment s'en étonner ? L'inscription latine de Sainte-Marie-de-la-Rotonde, prise au sérieux, mène tout droit à cette étrange conclusion. Dès qu'on admet l'égalité de Rome et de Cologne, on est bien près de mettre Bologne au-dessus de Rome. L'enseignement historique remettrait tout à sa place.

M. de Laborde propose, pour élever le niveau du goût public, un expédient très singulier, à mon avis, mais qui pourtant n'est pas nouveau. Ce n'est pas la première fois que j'en entends parler. Il s'agirait de confier aux peintres les plus éminents de notre temps la décoration de nos théâtres. Le rideau, le plafond, le devant des loges et des galeries seraient conçus, composés par ceux qui auraient donné des preuves de savoir et de talent en traitant des sujets de l'histoire sainte ou profane. L'idée semble hardie, n'est-ce pas ? Si le vœu de l'auteur venait à se réaliser, la décoration de nos théâtres y gagnerait sans doute quelque chose. Quant au goût public, dites-moi ce qu'il y gagnerait ? Les spectateurs qui se pressent dans une salle viennent pour entendre la pièce nouvelle et ne songent guère à étudier les peintures de la toile ou du plafond. Après la chute du rideau, ils en sauront tout autant qu'avant le signal donné pour l'entrée des comédiens. Et si les artistes qui ont voué leur vie à l'expression des passions acceptaient une pareille besogne, croyez-vous qu'ils agrandiraient leur style, et qu'après avoir décoré une salle de spectacle, ils aborderaient dans de meilleures conditions les données bibliques ou les données de l'histoire moderne ? Qui oserait le dire ? M. de Laborde est animé d'intentions excellentes, mais il se méprend sur les moyens qui peuvent assurer le triomphe de sa cause. Il veut réformer le goût public, et l'expédient qu'il imagine, s'il était mis en œuvre, stérile pour le goût public, compromettrait les intérêts de la peinture. Parmi les artistes qui sont aujourd'hui populaires, il y en a bien peu qui prennent la peine d'achever l'expression de leur pensée. Ils profitent trop souvent de leur renommée pour se contenter d'une indication. S'ils acceptaient la décoration de nos théâtres, ils deviendraient encore plus indulgents pour eux-mêmes, et bientôt nous n'aurions plus que des ébauches qui se donneraient pour des tableaux.

La précision, la pureté ne sont pas tellement communes qu'on doive pousser les peintres dans la voie indiquée par M. de Laborde, et pourtant l'auteur, une fois en train d'imaginer des expédients, ne s'arrête pas là. Il ne croit pas que la décoration de nos théâtres confiée aux artistes éminents suffise à la réforme du goût, à l'éducation de la foule. Il veut que nos cafés obtiennent le même honneur. En vérité, j'ai peine à comprendre comment un homme qui ne manque pas de lumières peut se tromper à ce point. Nos cafés décorés par les pinceaux les plus habiles de notre temps, quel enseignement pour les désœuvrés ! Ils apprendront, en déjeunant, en prenant un sorbet, de quelle manière la ligne et la couleur peuvent et doivent exprimer la beauté. Ils seront dispensés de fréquenter les galeries. Ils n'auront qu'à lever les yeux après avoir achevé la lecture de leur journal. Ils s'instruiront à leur insu, et sans le vouloir. Quelle séduisante promesse ! Je veux croire et je crois que l'auteur est de bonne foi ; cependant il est bien difficile de parler sérieusement d'un tel vœu. Nos cafés transformés en écoles de goût ! Jusqu'à présent, nous pensions que pour juger les œuvres d'art il fallait un peu de recueillement, que pour se prononcer sur le mérite d'un tableau il n'était pas inutile de réfléchir. L'auteur est d'un autre avis. Il paraît que nous avions tort. Pour former son goût, il suffira désormais de se mettre à table dans un café tenu par un homme ami de la peinture, et qui n'aura reculé devant aucun sacrifice pour donner à la foule des notions précises sur la beauté. La discussion deviendra inutile. Que signifieraient les paroles à côté d'un tel enseignement ? Il y aura des cafés décorés dans le style vénitien, dans le style florentin, dans le style romain, dans le style lombard. Vasari et Lanzi ne seront plus consultés. À quoi bon user ses yeux sur leurs ouvrages ? En dépliant sa serviette, on saura d'avance quelle école on veut étudier ; en achevant son repas, on sera pleinement édifié sur le génie du maître qui aura servi de guide au décorateur. Il y aura des cafés qui ne relèveront d'aucune école étrangère, qui seront consacrés tout entiers à l'école française. Les hommes doués de facultés vraiment puissantes s'y révéleront dans toute la splendeur de l'originalité. En buvant son café, on prendra la mesure du génie national ; on saura si les successeurs de Lesueur, de Poussin sont dignes de leurs ancêtres, ou s'ils ont dégénéré. L'étude n'aura plus d'épines ; chacun apprendra sans effort ce qu'on avait appris jusqu'ici à la sueur de son front. L'éducation du goût fera partie de la vie quotidienne. On n'aura pas besoin de se déranger pour acquérir une érudition variée ; on s'instruira en respirant. Quant à ceux qui vivent en famille, ils profiteront de l'exemple et ne manqueront pas de confier aux pinceaux les plus savants la décoration de leur salle à manger. Leurs enfants sauront, dès l'âge le plus tendre, ce que les hommes d'un âge mûr ne savent pas toujours. L'art sera vulgarisé dans la plus effrayante acception du mot, il sera mis à la portée de tout le monde : c'est du moins l'espérance de l'auteur.

Je crains pourtant que les œuvres, en se multipliant, n'obscurcissent la notion de la beauté chez ceux qui la possèdent, et n'apprennent pas grand'chose à ceux qui ne la possèdent pas. Quant aux peintres, je ne vois guère ce qu'ils gagneraient en acceptant une pareille tâche. Je ne parie ici, bien entendu, que du profit intellectuel, car je ne mets pas en doute le profit pécuniaire. Les théâtres et les cafés pourront les enrichir, la peinture en sera-t-elle plus riche ? Cent volumes bien choisis sont pour l'esprit une nourriture plus fortifiante que mille volumes pris au hasard. Quand le rideau, le plafond, les loges et les galeries de nos théâtres, quand les murailles de nos cafés seront couverts de peintures, la foule ne sera pas plus éclairée qu'aujourd'hui ; elle connaîtra la satiété sans avoir connu les pures joies de l'admiration. Si les peintres éminents, comme le souhaité, comme l'espère l'auteur, abandonnent les travaux solitaires de l'atelier pour les travaux richement rémunérés, mais soumis au contrôle des indifférents, ils arriveront à leur insu à ne plus tenir compte des conditions, qui rendent l'art si difficile. Assurés d'avoir pour juges des spectateurs qui ne prendront pas la peine de réfléchir, ils se croiront dispensés de tout effort sérieux. Et qui oserait les blâmer ? S'ils agissaient autrement, qui donc leur en saurait gré ? Une fois engagés dans la voie que leur indique M. de Laborde, ils auront toujours présente à l'esprit la destination de leurs ouvrages. Ayant de s'associer à l'industrie, ils concevaient lentement, ils composaient à loisir. Quand ils travailleront pour la foule, quand ils n'auront d'autre put que de la distraire, ils seront moins sévères pour eux-mêmes et se contenteront à moins de frais. Et pourquoi ne dirais-je pas toute ma pensée ? Ils appartiendront plus à l'art, ils appartiendront à l'industrie ; le gain deviendra leur unique souci. Il est bon sans doute que chacun tire de son labeur un honnête salaire ; mais le peintre et le sculpteur qui se font industriels, qui veulent produire, dans un temps donné, une quantité de figures dont le prix est convenu d'avance, n'ont plus rien à démêler avec l'art proprement dit ; leur atelier devient une usine ; leur pinceau, leur ciseau fonctionnent comme un laminoir qui doit donner à l'échéance déterminée deux pu trois mille mètres de tôle. Mes craintes sont-elles mal fondées ? Que M. de Laborde visite l'atelier de nos peintres à la mode, et que le présent lui enseigne l'avenir. Quand la popularité prend un homme sous sa protection, l'enivrement ne se fait pas attendre ; la louange monte à la tête, et pour garder sa raison, pour ne pas s'estimer trop haut, quand on est soumis à une telle épreuve, il faut posséder une dose de bon sens peu commune. Les amateurs se pressent devant une toile à peine ébauchée, et célèbrent à l'envi l'œuvre qu'ils peuvent à peine entrevoir. Le peintre se croit doué de facultés surhumaines ; il ne connaît plus ni doute, ni tâtonnement ; il ne peut mal faire. Eh bien ! qu'il entreprenne la décoration de nos théâtres et de nos cafés, la fièvre de l'or fera pour sa raison ce que faisait la louange : il voudra que chacune de ses journées lui assure une recette fabuleuse. Que deviendra la dignité personnelle ? que deviendra le respect de l'invention ? L'invention sera dédaignée, la dignité personnelle sera publiée ; tout sera sacrifié à l'amour du gain.

Je crois avoir montré avec une pleine évidence tous les dangers de l'alliance proposée par M. de Laborde. Cependant, pour ne laisser aucun doute dans les esprits qui aiment à rêver un avenir sans relation, sans ressemblance avec le présent, il me semble utile de poser la question d'une manière théorique. Quand j'aurai marqué en termes précis la destination de l'art et la destination de l'industrie, je serai dispensé d'insister. Je ne m'arrêterai pas à réfuter les arguments de ceux qui voulant assigner à toute chose un but utile, demandent de très bonne foi à quoi servent la peinture et la sculpture. Dès qu'on fait intervenir l'économie politique dans les problèmes de ce genre, la discussion revient impossible. L'art est à lui-même son propre but ; toute autre manière de le concevoir est manifestement contraire à la raison, il est certain qu'un engrais qui augmente la fécondité de la terre, une machine à pétrir qui donne le pain à meilleur marché, sont plus utiles dans le sens réel du mot que la peinture et la sculpture. Aussi n'essaierai-je pas de prouver l'utilité de l'art. Je me contenterai de rappeler que pour l'homme le mieux nourri, pour celui qui jouit d'une excellente santé, qui respire à pleins poumons, il existe des besoins que les processions utiles n'ont pas mission de satisfaire. Parmi ces besoins, la contemplation de la beauté est un des plus impérieux. Le bien-être matériel ne suffit pas à nos facultés. Un sommeil profond et régulier qui répare nos forces, une promenade, sur les collines qui excite notre appétit et donne plus de souplesse à nos membres, sont, à coup sûr, des sources de contentement. Cependant ceux qui ne souhaitent rien au-delà sont assez pauvrement doués. Le sentiment de la beauté existe en germe chez la plupart des hommes ; il faut bien qu'il en soit ainsi, puisque le développement esthétique est un des signes les plus certains de la civilisation. Un peuple qui n'aurait jamais révélé que le génie industriel n'occuperait dans l'histoire qu'une place très mesquine. Et si le sentiment de la beauté n'existait pas en germe chez la plupart des hommes, les grands artistes n'auraient pas obtenu en tout temps, en tout pays, une renommée si éclatante, n'auraient pas excité une si vive sympathie. Puisque les belles œuvres excitent l'admiration et donnent à ceux qui les contemplent une joie si profonde, qui dure encore quand elles ne sont plus devant leurs veux, il faut bien que les belles œuvres répondent à des besoins très sérieux, très réels. Les grands spectacles que nous offre la nature ne suffisent pas à contenter les hommes chez qui le sentiment de la beauté n'est pas à l'état rudimentaire.

C'est à ces esprits d'élite que l'art s'adresse particulièrement, quoique ne demeure pas sans action sur ceux mêmes qui sont moins richement doués. Sa mission est de saisir la beauté partout où elle se montre, de la dégager de tout ce qui n'est pas elle, et de la présenter dans toute sa splendeur. C'est là le seul but que l'art doive se proposer ; tout autre dessein doit nécessairement l'engager dans une fausse voie. Le peintre et le sculpteur, quand ils ont aperçu la beauté, je veux dire le peintre et le sculpteur pourvus de facultés élevées, n'ont d'autre souci, d'autre ambition que de l'exprimer dans une œuvre librement conçue. S'ils se préoccupent du goût public au lieu de songer, ayant tout, à se contenter, ils licencient de la région où ils doivent demeurer. Puisqu'ils possèdent non-seulement le sentiment de la beauté, mais le moyen d'exprimer ce qu'ils sentent, ils dérogent en consultant ceux qu'ils veulent émouvoir. Qu'ils modèlent, qu'ils peignent pour traduire ce qui est en eux, qu'ils révèlent, dans une langue claire et précise, la pensée qui les anime, et leurs espérances de renommée ne seront pas déçues. Si, avant de prendre l'ébauchoir ou le pinceau, ils se demandent ce qui plaira, ce qui déplaira, ils ne produiront jamais que des œuvres éphémères. Dans le domaine de l'art, la liberté mène à la puissance. Le sculpteur et le peintre ne doivent pas aller vers le public, mais amener le public à eux. Qu'ils courtisent l'opinion, ils s'amoindrissent. Les idées que j'exprime ici, je ne crains pas de l'affirmer, sont celles de tous les vrais artistes ; je ne redoute aucun démenti de leur part. Leur souci constant est de manifester leur pensée. Ils ne veulent pas conquérir la renommée, la richesse, en abdiquant leur indépendance. Pour eux, la joie la plus vive, la plus profonde, est de se révéler pleinement sans rien sacrifier, sans rien omettre de ce qu'il ont conçu. Ils ne dédaignent pas les applaudissements, il ne leur déplaît pas que leur nom soit répété par des milliers de bouches ; mais ils ne descendent jamais jusqu'à mendier les applaudissements. La gloire ne les séduit que lorsqu'elle arrive comme la récompense d'une œuvre libre et puissante par sa liberté même. Qu'on interroge l'histoire, et l'histoire répondra que la sculpture et la peinture n'ont jamais rien produit de grand, quand elles ont méconnu les conditions que je viens d'exprimer. Si elles tiennent compte du goût de la multitude, elles s'éloignent du but qui leur est assigné par la nature même des choses. Pour conserver leur dignité, elles doivent tout sacrifier à l'expression de la beauté.

Quelle est la mission de l'industrie ? C'est de chercher partout, en toute occasion, l'emploi des choses qui s'offrent à ses yeux. Rendre utile ce qui demeurait oublié, appliquer aux besoins de la vie matérielle ce qui était dédaigné, ce qui n'avait de valeur pour personne, est et sera toujours pour l'industrie un triomphe éclatant. De quelque manière qu'on envisage ses travaux, on est toujours obligé d'arriver aux mêmes conclusions : le génie industriel se révèle sous deux aspects, soit en découvrant l'utilité d'une chose déclarée jusque-là inutile, soit en produisant à bon marché ce qui n'avait été produit qu'à grands frais. L'unique préoccupation des inventeurs dans le domaine de l'industrie est de s'enrichir. J'entends dire quelquefois qu'ils veulent enrichir leur pays. Mon intention n'est pas de soutenir qu'ils sont tous dominés par l'égoïsme. Je consens à croire que parmi ceux mêmes qui rêvent l'opulence, il y en a qui songent à créer le bien-être parmi les pauvres qui les entourent. Je ne pourrais m'y refuser sans nier l'évidence. On cite des familles bénies, dont l'orgueil et la joie sont de régner sur une commune, sur un canton, par la bienfaisance, par la générosité. Le spectacle de ces vertus, transmises de génération en génération, est trop consolant pour ne pas appeler l'attention du philosophe ; mais cet exemple, qui n'a pas encore trouvé de nombreux imitateurs, ne change pas les conditions de l'industrie. Le caractère égoïste ou généreux des hommes qui ont organisé le travail pour dégager l'utilité des choses ne modifie pas les formes du problème. Il s'agit toujours de produire à bon marché ce qui était produit à grands frais pour accroître la consommation, ou de trouver l'usage d'une chose demeurée sans emploi. Dans le premier comme dans le second cas, le but est la richesse. Que les inventeurs d'un procédé nouveau qui doit changer, simplifier la fabrication, prennent rang parfois parmi les hommes les plus éminents de leur pays, je ne songe pas à le contester. Le métier Jacquart, la machine à filer, sont très dignes d'admiration. Cependant ces deux découvertes n'altèrent pas le caractère de l'industrie. La machine à filer, le métier Jacquart ont abaissé le prix des indiennes, le prix des soieries. Et s'ils n'ont pas enrichi ceux qui les ont créés, ils enrichissent aujourd'hui ceux qui les emploient. J'ai donc le droit de dire que la recherche de l'utile est l'unique but de l'industrie, et je ne prendrais pas la peine de l'affirmer, si M. de Laborde ne proposait pas une alliance entre l'art et l'industrie. Pour soutenir l'opportunité d'une telle alliance, il faut oublier ce que je rappelle ici, ce qui est démontré depuis longtemps, que l'utile et le beau ne sont pas une seule et même chose. Dans la recherche du beau, dans l'expression de la forme harmonieuse et pure qui excite notre admiration, il n'est jamais question de produire vite, de produire à bon marché. Or l'industriel qui négligerait ces deux points serait montré au doigt. Celui qui veut s'enrichir en appliquant les choses aux besoins de la vie matérielle doit toujours songer à simplifier la main-d'œuvre. Si l'artiste s'avise de suivre un tel exemple, il change de nom. J'ai entendu parler d'une famille de graveurs qui avaient introduit dans leur profession la division du travail recommandée par Adam Smith. Les ouvriers du premier étage se chargeaient des figures. Au second étage, on faisait les terrains et les plantes ; au troisième, les ciels. Les estampes qui sortaient de cette maison arrivaient sur le marché dans de bonnes conditions. Croit-on que Marc-Antoine Raimondi, Bolswert et Drevet aient jamais suivi le conseil d'Adam Smith ?

La recherche de l'utile semble parfois se confondre avec la recherche du beau, car il est utile de produire de belles étoffes, de beaux meubles, puisque les beaux meubles et les belles étoffes peuvent devenir une source de richesse. Qu'on ne se méprenne pas pourtant. En pareil cas, le beau et l'utile ne sont pas sur le pied de l'égalité, l'utile domine le beau. En semant les fleurs sur la soie, en sculptant le chêne ou l'ébène, le fabricant n'oublie jamais le prix de revient ni le prix de vente. Il ne cherche pas le beau dans la plus haute expression, mais une certaine mesure de beauté qui ne coûte pas trop cher, et lui promette ce qu'on appelle un bénéfice raisonnable. Il recommande à ceux qui lui fournissent des modèles de ne pas se laisser emporter trop loin par leur imagination. Il ne s'agit pas pour lui de contenter vingt personnes d'un goût sévère, mais de plaire au plus grand nombre et de tenter les acheteurs par le bon marché. Cette pensée se retrouve dans tous les travaux de l'industrie, et suffit à démontrer que la recherche de l'utile ne peut jamais se confondre avec la recherche du beau. L'art ici vient au secours de l'industrie, l'éclaire de ses conseils, mais n'arrive jamais à la détourner de son but. Ses conseils ne sont suivis qu'à la condition de ne pas entraîner de trop grosses dépenses. S'il en était autrement, les œuvres de l'industrie ne trouveraient pas d'acheteurs, ou n'en trouveraient qu'à grand'peine. Or l'utile, par sa nature même, s'adresse au grand nombre. Une étoffe qui ne peut tenter que vingt familles devient difficilement une source de richesse. On parle de métiers démontés pour satisfaire le caprice d'une femme et ne pas l'exposer à voir une robe pareille à la sienne, mais on en parle comme d'une exception.

Pour justifier l'alliance de l'art et de l'industrie, On cité les bijoux trouvés dans les fouilles de Pompéi et d'Herculanum, et conservés à Naples dans le musée des Studj. Je ne veux pas nier la valeur de cet argument. J'admire l'élégance des bracelets, des colliers, des pendants d'oreilles, qui sont à bon droit considérés comme un trésor par tous les hommes de goût. J'ai vu à Rome, chez le chevalier Campana, une collection de même origine, moins nombreuse que celle de Naples, mais aussi importante, car toutes les pièces qui la composent sont choisies avec un rare discernement. La plupart de ces bijoux sont des merveilles d'invention, et surtout des merveilles de simplicité. Cependant ce qui se faisait à Pompéi, à Herculanum, dans le premier siècle de l'ère chrétienne, n'est pas un argument sans réplique. Les traditions de l'art grec, qui dominaient alors, étaient d'une application d'autant plus facile, que le goût public n'était pas dépravé par la forme des vêtements. Herculanum et Pompéi n'avaient pas, comme l'Europe moderne, des modes extravagantes dont l'unique but semble être de combiner des lignes bizarres et monstrueuses. Pour établir parmi nous l'élégance et la simplicité de l'art grec, pour composer des bijoux pareils à ceux du musée des Studj, ou quelque chose d'équivalent, il ne faudrait pas calomnier la forme humaine comme on se plaît à le faire. Tant que les femmes s'habilleront comme elles s'habillent aujourd'hui, leurs colliers et leurs bracelets seront aussi absurdes que leurs vêtements. On peut prouver, l'histoire à la main, que l'alliance de l'art et de l'industrie n'a pas toujours été une chimère ; mais la preuve une fois donnée, on doit se demander dans quelles conditions cette alliance s'est établie, dans quelles conditions elle s'est maintenue. Quand le vêtement enveloppait la forme humaine sans la déguiser, quand la foule puisait dans les habitudes de la vie la notion de l'élégance et de la beauté, le luxe n'avait rien de singulier ; les artistes composaient pour l'industrie des modèles qui n'étonnaient pas, mais qui charmaient. Leur avis était accepté sans résistance, et l'industrie s'empressait d'obéir. Plus tard, quand la forme des vêtements fut altérée, sous le Bas-Empire, l'industrie prit le dessus, l'autorité de l'art fut méconnue, et le luxe devint bizarre ; on se complut dans les lignes tourmentées. Les modes d'aujourd'hui ne sont pas moins ridicules que les modes du Bas-Empire ; aussi ne faut-il pas s'étonner que les bijoux manquent de simplicité.

Si la démonstration théorique ne suffisait pas, j'invoquerais les souvenirs de ceux qui ont vu des bijoux dans le goût de Pompéi portés par des femmes de notre temps. On trouve à Naples des ouvriers habiles qui copient très fidèlement les modèles antiques. Eh bien ! ces modèles, qui excitent notre admiration dans le musée des Studj, nous étonnent sans nous plaire quand ils sont placés sur le cou, sur le bras d'une femme vêtue selon la mode de nos jours. La vérité se réduit à ces termes. Le génie des artistes, dans le premier siècle de l'ère chrétienne comme aux beaux temps de la Grèce, réglait la forme des vêtements, et le goût public, formé par la contemplation habituelle d'un ensemble de lignes élégantes, maintenait l'autorité des artistes. Aujourd'hui le plus grand nombre des esprits ne possède sur la beauté que des notions confuses ; aussi l'autorité des artistes est souvent méconnue, et leurs conseils les plus sages sont traités comme de purs caprices. Les plus étranges inventions sont acceptées et prônées comme des merveilles. N'avons-nous pas vu des femmes — qui se donnaient pour des types d'élégance — porter à leur ceinture des cathédrales en or émaillé ? Ces bijoux ridicules se vendaient très cher, l'admiration se mesurait à la dépense, et l'on était mal venu à s'en moquer. On avait créé pour cet absurde enfantillage un terme pompeux et barbare : cela s'appelait bijou d'art pour les profanes ; dans la langue usuelle, c'était une châtelaine. Les fabricants avaient devancé le vœu de M. de Laborde ; mais comme l'industrie n'oublie jamais son but, le gain, pour produire sans trop de frais ces joujoux dont les femmes s'amusaient, elle partageait le travail entre plusieurs mains. Et je ne parle pas seulement de l'exécution, de la fonte, de la ciselure ; je parle aussi et surtout de la composition du modèle. Ces petites cathédrales portées à la ceinture n'étaient pas créées par un seul ébauchoir. Un sculpteur faisait le portail et les tours, un autre inventait les figures, un troisième les ornements, et les pièces assemblées s'accordaient comme elles pouvaient. Le bijou d'art réalisait l'alliance de l'art et de l'industrie, et les femmes à la mode ne songeaient pas à se demander si leur châtelaine avait le sens commun. Il y a aujourd'hui dans l'industrie quelques hommes éclairés qui comprennent la nécessité d'avoir des modèles achevés par une seule main : c'est un progrès sans doute ; mais ils comprennent aussi la nécessité de multiplier les épreuves de ce modèle à des conditions qui ne soient pas trop onéreuses, et la ciselure ne respecte pas toujours la conception du sculpteur. L'industrie commande, et le public ne se plaint pas.

Cependant toutes les objections que j'ai présentées jusqu'ici sont dominées par la dernière qu'il me reste à exprimer. L'union des arts et de l'industrie, vînt-elle à se réaliser, demeurerait stérile. Tant qu'on n'aura pas introduit la sincérité dans le luxe, l'intervention des artistes éminents dans la fabrication des bijoux, des meubles, des étoffes, ne changera pas l'état des choses. Je ne sais pas si François Bacon avait raison d'affirmer que l'homme est naturellement porté au mensonge, et que, pour arriver à dire la vérité, il est obligé de combattre ses instincts. J'aime à croire pourtant que le chancelier calomniait l'espèce humaine. Ce que je sais, c'est que le mensonge prend aujourd'hui une prodigieuse importance dans les habitudes de notre société. On cite comme une singularité ceux qui consentent à ne pas déguiser la condition réelle où ils sont placés. L'usage est de sacrifier à peu près constamment l'être au paraître. Les gens pauvres tiennent à cacher leur pauvreté. Ceux qui pourraient vivre facilement sans connaître la gêne se refusent le nécessaire pour éblouir les yeux et se donner l'apparence de la richesse. Dans une société ainsi constituée, que signifierait l'union des arts et de l'industrie ? Tout le monde fait semblant d'être ce qu'il n'est pas, et l'industrie se modèle sur les mœurs. Pourquoi nous plaindrions-nous ? Ce qui se passe sous nos yeux est parfaitement logique. Pour des acheteurs qui ne tiennent pas à la réalité, qui se contentent de l'apparence, l'industrie aurait grand tort d'agir autrement qu'elle n'agit. Étoffes, meubles, bijoux, tout est destiné à satisfaire la vanité des chalands qui veulent se donner pour riches, et qui ont à peine de quoi suffire aux besoins de la vie quotidienne. Les anneaux qu'on appelle ciselés sont estampés ; mais on a pour dix écus ce qui coûterait quatre ou cinq louis. Au lieu de fleurs taillées dans un lingot, l'acheteur porte au doigt une lame d'or qui a pris l'empreinte d' un modèle en acier, et montre fièrement cette merveille à bon marché. Le poirier ne ressemble guère à l'ébène, et pourtant le poirier figure dans les ouvrages sculptés : on se contente d'en changer la couleur ; mais l'ébène coûte si cher et le poirier se taille si facilement ! La cause de l'ébène est perdue. Or, une fois qu'on a consenti à déguiser la nature de la matière, comment hésiterait-on à mentir quand il s'agit de la main-d'œuvre ? On invente des machines fort ingénieuses qui simplifient la besogne de l'ouvrier. Tout ce qu'on peut soustraire au travail personnel est confié à la puissance de la vapeur. On n'a pas encore imaginé de machine pour sculpter des figures ; mais patience ! on y arrivera peut-être bientôt, et les bourses les plus modestes pourront acquérir des meubles d'art. Jusqu'à présent, la vapeur se contente de découper le bois ; elle ne s'arrêtera pas là. Les meubles de la renaissance, qu'on admire encore dans quelques vieux châteaux, étaient composés, souvent même sculptés par des artistes habiles, qui ne confiaient à personne l'expression de leur pensée. Dans la seconde moitié du XVe siècle, dans la première moitié du XVIe, on n'avait pas encore mis l'apparence de la richesse à la portée de tout le monde ; les meubles sculptés n'appartenaient qu'aux riches, et les menuisiers, les ébénistes ne s'avisaient pas d'inventer des modèles. Ce n'était pas l'union de l'art et de l'industrie, c'était l'art, qui, au lieu de choisir le marbre ou le bronze, choisissait le chêne ou le buis pour exprimer la forme humaine ou la forme des plantes. Les tritons et les satyres, les naïades et les néréides se jouaient sur les panneaux des buffets ; mais ces meubles merveilleux ne se vendaient pas par centaines, les acheteurs ne tenaient pas à les voir se multiplier. L'œuvre une fois achevée, l'heureux possesseur n'accordait pas le droit de réplique, et gardait pour lui seul ce qu'il avait acheté.

Aujourd'hui tout est bien changé, les plus riches consentiraient à grand'peine à donner pour un meuble ce qu'on donnait au temps de la renaissance ; ils décorent leurs appartenons à bon compte. Le stuc, le marbre, les métaux précieux sont remplacés par des moulures en pâte, et l'on arrive ainsi à simuler les splendeurs d'une résidence royale. Le luxe qu'on nous donne comme un signe de prospérité n'est le plus souvent qu'un mensonge ; c'est toujours et partout le sacrifice de l'être au paraître. À Dieu ne plaise que j'improuve la division de la propriété ! Lors même qu'il serait cent fois démontré que cette division présente des inconvénients agronomiques et interdit certains procédés de culture, il faudrait encore la bénir comme un bienfait ; mais si le bien-être matériel n'est plus maintenant le privilège du petit nombre, ce qui est un progrès évident, nous n'avons guère sous les yeux qu'un luxe menteur, ce qui pour tout homme de bon sens est un pas en arrière. Accepter sa condition, ne jamais chercher à la déguiser, est la meilleure manière de prouver qu'on sent l'importance du luxe pour le développement de l'art et de l'industrie. Que la sincérité prenne la place du mensonge, et l'industrie pourra profiter des conseils de l'art ; mais le vent emporte mes paroles, et le règne de la vanité n'est pas près de finir. La pauvreté se cache comme un vice, ou tout au moins comme un ridicule. On craint d'exciter la compassion, on veut exciter l'envie. Or, si je ne m'abuse, la réforme de l'industrie est impossible sans la réforme des mœurs. Les belles étoiles, les beaux meubles ne viendront qu'après le rétablissement de la franchise. Inventer des modèles élégants, ne rien négliger pour contenter les connaisseurs, à quoi bon ? Les connaisseurs qui peuvent acheter ce qu'ils admirent ne se comptent pas par centaines. Les hommes veulent porter au doigt des pierres gravées qui ne coûtent pas plus cher que des anneaux estampés ; l'industrie trouve moyen de les satisfaire. Aussi la gravure en pierre fine est un art à peu près perdu, malgré le concours institué à l'école de Paris. Je ne veux pas médire de mon temps, j'aimerais à louer ce que je vois ; mais le danger du mensonge est tellement évident qu'il serait inutile de le taire. Le signaler franchement est le parti le plus sage. Qu'on m'accuse d'exagérer l'importance de la question, je ne m'en plaindrai pas, je n'irai pas même jusqu'à m'en étonner. Pour tous les hommes de bonne foi, la recherche d'une splendeur menteuse n'est pas chose futile et dont on doive parler en riant. Bien des actions qu'on n'oserait avouer, qui appelleraient la rougeur sur le front si elles étaient révélées, n'ont pas d'autre cause que le désir d'éblouir les yeux. Le luxe est à si bon marché, que pour briller il n'est pas nécessaire de faillir souvent au devoir ; on se contente au prix de quelques fautes qu'on estime légères. Les consciences complaisantes qui ne s'effraient pas d'une égratignure faite au bon droit, de quelques pièces d'or gagnées sans trop de scrupules, s'effraieraient peut-être s'il fallait, pour atteindre à la splendeur, oublier toute probité. Que les sceptiques sourient tout à leur aise en me voyant traiter le côté moral de la question : il ne dépend pas de moi de marquer la limite où s'arrête l'action du mensonge dans les relations de la vie sociale. Chacun sait où mène le mépris de la vérité ; on ne sait pas assez combien il est funeste à l'art, à l'industrie ; on ignore ou l'on feint d'ignorer que le luxe à bon marché est une source de corruption pour le goût comme pour les mœurs.

ISBN : 978-1983955617

www.ingramcontent.com/pod-product-compliance
Lightning Source LLC
Chambersburg PA
CBHW070931220526
45468CB00005B/1738